H.F.Darbek

Haben Sie Wien schon bei Nacht gesehen?

Eine persönliche Wien-Betrachtung

Mit
Vorschlägen, was man noch alles in Wien unter-
nehmen kann
Für Aktive und weniger Unternehmungslustige

Einleitung und Geschichtliches

Und!? Haben Sie schon?
Haben Sie Wien schon bei Nacht gesehen?
Wenn nicht, sollten Sie es schnellstens nachholen.
Die Millionen Lichter, die Stimmung.
Gewaltig. Beeindruckend.
Fast wie in allen anderen Großstädten.

Nein! Natürlich nicht.
Wien ist einzigartig. Wien ist anders.
Nicht umsonst kommen jedes Jahr Unmengen von
gern gesehenen Touristen und von nicht so gern
gesehenen...Anderen nach Wien.

Aber wir wollen uns nur mit der positiven Seite
von Wien befassen.
Die Andere gibt es ja in jeder Groß- oder Welt-
stadt.

Um noch einmal zum Titel zu kommen.
So beginnt ein Lied eines unserer „Austro-
Barden", Rainhard Fendrich.
„Haben Sie Wien schon bei Nacht gesehen, haben
Sie das schon erlebt?"
Er hat sich auch mit einem anderen Song als zu-
mindest vordergründiger Wien und Österreich-
Fan geoutet. „I am from Austria".
Ich auch.

Also. Sehen Sie Wien bei Nacht. Und bei Tag.
Und zu jeder Tages- und Jahreszeit. Es gibt immer
was zu sehen und zu erleben in diesem Wien.

Die Frage ist, wo beginnen, mit einer Aufzählung
von den Sehenswürdigkeiten und Möglichkeiten
einer Unternehmung.

Ich muss zugeben, ich liebe diese Stadt und ich
kenne sie auch recht gut.
Möglicherweise wird jetzt jemand meinen, das sei
ein Paradoxon und somit nicht möglich,
Wenn man diese Stadt kennt, kann man sie nicht
lieben.
Falsch. Gerade deswegen kann man.
Fairer weise muss man sagen, ab und zu ein Auge
zuzudrücken ist nötig. Aber was ist schon perfekt
und 100prozentig.
Hundertprozentig sind nicht einmal unsere österreichischen fantastischen Obstschnäpse. Die haben nur um die 40%.

Irgend Jemand – angeblich ein Wiener „Original„
- hat einmal gemeint „Wien bleibt Wien; und das
ist das Schlimmste, das man über diese Stadt sagen kann".
Der deutsche Karikaturist und Schriftsteller Man-
fred Schmid (Erfinder von Nick Knatterton), hat
diesen Ausdruck übernommen und schon vor Jah-

ren in einem seiner Reisebeschreibungen anläßlich eines Wien-Besuchs wieder gegeben.

Das Wien zum Teil „die Alte" bleibt, ist gut und wichtig.
Es muss etwas Bleibendes und fest Berechenbares in unserer schnelllebigen und abwechslungsreichen Zeit geben.
Außerdem ändert sich Wien natürlich auch ständig.
Das „Klima" und die Lebensumstände ändern sich andauernd. Das Erscheinungsbild. Das Aussehen. Nicht immer alles zum besseren, aber doch.
Was bestehen bleibt, sind die absolut sehenswerten Bauwerke und unsere Geschichte.
Und natürlich das Flair, das beides umgibt.

Was sich auch ändert, sind die Angebote der Freizeitgestaltung. Sie werden jährlich mehr; und sie werden nicht nur von Wienern positiv aufgenommen. Nein. Auch von der Masse der Touristen.

Somit sollten wir vielleicht doch zu einer Auflistung zumindest einiger Möglichkeiten, die sich einem Wien-Besucher bieten, kommen.

Nicht mit den herkömmlichen Sehenswürdigkeiten möchte ich beginnen, sondern mit den Möglichkeiten der anderen Art von Freizeitgestaltung und Sightseeing.

Vorerst aber noch eine kurze Einführung und Erklärung zu Wien.

Wien ist sicher eine Stadt mit Geschichte.
Ob mit Tradition möchte ich nicht wirklich behaupten.
Viele Dinge in dieser Richtung werden nicht wirklich gelebt, sondern sind gleichsam Teil eines Stückes auf der Bühne des Theater „Wien".
Natürlich weiß man, was ankommt beim Publikum und was Touristen in und von Wien erwarten. Dementsprechend läuft dann vieles ab.
Wenn sie heute eine Burg besichtigen, werden Sie es eindrucksvoller empfinden, wenn eine Führung in alten Kostümen anstatt von jemanden in Jeans stattfindet.

Was die späteren Hinweise betreffend der Erreichbarkeit mit öffentlichen Verkehrsmittel betrifft, bezieht sich das auf das weit verzweigte Wiener Straßenbahnnetz, die U-Bahnen, Autobusse und Schnellbahnen bzw. Vorortelinien.

Mit unserer U-Bahn sind wir zwar im Vergleich zu anderen Großstädten spät dran – erst 1976/1978 wurden einige Linien und auch nur relativ kurze Strecken in Betrieb genommen, aber bis jetzt wird fleißig weitergebaut und das Ergebnis ist jetzt doch beeindruckend.

Was die Straßenbahn betrifft, ist sie seit Gründung 1865 mit Pferden betrieben worden, seit 1883 mit Dampf und erst 1897 auf Elektrizität umgestellt.

Es hat früher auch eine „Stadtbahn" gegeben, die entweder unterirdisch (großteils) oder auf eigenen Trassen gefahren ist und somit mit dem normalen Straßenverkehr nicht in Berührung kam.
Diese Strecken wurden – nach Modernisierung – für die U-Bahn übernommen.
Zumindest zum Teil.
Es wurde wie schon erwähnt zwischenzeitlich viel neu gebaut und somit die immer weiter wachsende Stadt doch auch trotz größer werden, mit der Er-reichbarkeit, klein gehalten.
Das Busnetz deckt den Teil ab, der nicht per Schiene erreichbar ist.

Aber jetzt noch etwas zur Geschichte Wiens.

Im 1. Jhdt. n. Chr. war es eine römische Provinz bzw. Lagerstadt mit Namen „Vindobona".
Wien hatte allein durch seine Lage eine sehr ab-wechslungsreiche Geschichte.
Im Mittelalter – um ca. 1200 - wurde Wien mit einer Stadtmauer befestigt und geschützt.
Die Basteien.
Wien war immer auch in Verbindung mit Herr-scherhäusern bzw. deren Sitz.
Babenberger, Habsburger.

Eine Kaiserstadt.

Nicht erst in den Weltkriegen in Konflikte hinein-
gezogen, nein schon früher.
1529 und 1683 von Türken belagert und diese
erfolgreich abgewehrt.
Die letzte – maßgebende – „Belagerung" dürften
wir allerdings verschlafen haben.
Sie muss vor einigen Jahren stattgefunden haben
und zwar irgendwie in relativer Stille und jetzt
sind wir das, was wir in früheren Jahren erfolgreich abgewehrt haben.
Die ganzen früheren Kämpfe umsonst.

1679 gab es in Wien eine große Pestepidemie, der
– in nicht einmal einem Jahr - etwa 50.000 Menschen zum Opfer fielen.
Wien war damals zwar klein aber dafür ziemlich
dicht besiedelt.
Allerdings muss man auch bedenken, dass die
Einwohnerzahl damals mit rund 80.000 angenommen wurde. (Um 1800 allerdings schon
230.000 hier lebten und sich die Baufläche auch
verzehnfacht hatte).
Wien war allerdings zu Zeiten der Errichtung von
den Basteien (Stadtmauern), kleiner als der jetzige
1. Bezirk/Innere Stadt.
Reste dieser Basteien kann man heute noch sehen.

***

In Wien lebten und leben auch viele Persönlichkeiten (Prominente).

Hier eine kleine Auswahl – bunt gemischt; Staatsmänner, Künstler, Maler, Schauspieler, Komponisten, Architekten, Schriftsteller, Erfinder, Forscher, u.v.a.:

Prinz Eugen von Savoyen, Maria Theresia, Kaiser Franz Joseph mit seiner Elisabeth, möglicherweise besser bekannt als „Sisi"; Graf Metternich, Beethoven, Mozart, Grillparzer, Nestroy, Gottfried von Einem, Graf Harrach, Billy Wilder, Carl Michael Ziehrer, Hugo von Hofmannsthal, Gustav Klimt, Oskar Kokoschka, Josef Madersperger, Sigfried Marcus, Grillparzer, Arthur Schnitzler, Ferdinand Raimund, Christian Attersee, Auer v. Welsbach, Beethoven, Brahms, div. Strauß (Josef, Richard, Johann), Anton Wildgans, Franz von Suppe`, Herbert Tichy, Otto Wagner, Emerich Kalmar, Th.Frhr.v. Hansen, Antonio Salieri, Konrad Lorenz, Gustav Mahler, Heimito v. Doderer, Ebner-Eschenbach, Erich von Stroheim, Friedrich Gulda, Anton Karas, Clemens Holzmeister, Hundertwasser, Nietsch, Joe Zawinul, Hans Moser, Oskar Werner, Curd Jürgens, Hans Moser, die Hörbiger Dynastie, Senta Berger, Elfriede Ott, Peter Alexander, u.v.a. wie z.B. Hans Hass, der – zum Glück - noch lebende 88 jhrg. Tauchpionier und Verhaltensforscher und eben auch „junge" Künstler, wie z.B. Falco, der obwohl im Ausland gestorben, in Wien auf dem Zentralfriedhof begraben liegt.

Der Friedhof hat seinen Namen aus der Tatsache, dass er bei Baubeginn 1871 und Einweihung 1874 als eben der zentrale Friedhof Wiens - wie der Name sagt, geplant war und auch jetzt noch bei weitem Wiens größter und auch durch die Menge der bekannten Toten, die hier begraben liegt, von Touristen meist besuchte Friedhof ist.

Es liegen hier – aber das wird alles auch noch später behandelt – ca. 3.000.000 ! Tote.

Es wäre nicht Wien, deren Bewohnern man eine eigene Einstellung zum Tod nachsagt - was wohl aus früheren Zeiten kommen muss, ich kenne niemanden, der das Sterben oder Todsein locker nimmt – wenn nicht auch dieser Ort der Ruhe be-sungen würde.

Ein anderer Austro-Barde, nämlich Wolfgang Ambros hat dazu ein Lied gebracht: „Es lebe der Zentralfriedhof", worin weiter die Tatsache be-sungen wird, dass die Toten sozusagen den Jah-restag feiern.

Der Tod wird allerdings in vielen – allerdings eher alten – Wiener und Heurigenliedern heftigst be-sungen, was dann natürlich den Eindruck erweckt, dass sich die Bewohner Wiens aus etwas eigenar-tige Weise mit dem Sterben und dem Tod ausei-nandersetzen.

Aber weiter mit ernsteren Themen.

10

Am medizinischen Sektor war Wien mit vielen seiner Ärzten maßgebend am Fortschritt beteiligt; z.B. – Billroth, Semmelweis, van Swieten, Wagner-Jauregg, Boltzmann, Lorenz, Viktor Frankl, Böhler, Fellinger, Schönbauer; Freud – dem Erfinder der Psychoanalyse, welchem in der Berggasse im 9. Bezirk ein kleines Museum gewidmet wurde.

Wien war auch oft Schauplatz von internationalen Treffen, wie z.B. 1961 von Chruschtschow und Kennedy.
Päpste haben Wien selbstverständlich auch besucht: Papst Johannes Paul der II 1983, 1988, 1998; Papst Benedikt der XVI 2007.

Nicht nur vom geschichtlichen Aspekt hat Wien also einiges aufzuweisen.
Wien war Hauptsitz eines doch recht großen Kaiserreiches.

Natürlich kann jetzt jemand sagen: und, wo seid ihr heute; was ist euch geblieben?
Von der ehemaligen flächenmäßigen Größe des k.u.k.Reiches – Österreich-Ungarn - nicht viel; aber die Luft ist noch immer geschwängert von der ehemaligen Geschichte und Tradition.
Besonders in und um die City wird der Besucher auf fast jedem Schritt mit Geschichte konfrontiert – und das nicht auf die unangenehmste Weise.

Wien ist nach wie vor Treffpunkt der Welt.
Ein kleines Beispiel aus jüngster Zeit; ein internationaler Kardiologen-Kongress in Wien, mit
25.000 Teilnehmern.

Sei es in der Forschung, in der Unterhaltung, in
der Musik, Film, in der Medizin, Architektur,
Forschung und auf vielen anderen Gebieten; Wien
und Österreich ist immer vorne mit dabei.
Und das ist für die verbliebene Größe und Anzahl
der Bevölkerung, doch beachtlich.

Heute umfasst Wien eine Fläche von 415 km2 und
hat – offiziell – ca, 1,7 Mill. Einwohner.
(1910 hatte es – trotz kleinerer Fläche - bereits ca.
2 Millionen).

Zum Schluss noch etwas – aber nur fast - unwe-
sentliches.
In Wien gibt es - man könnte fast sagen - jedes
Jahr mehr, Weihnachts-Advent- und Christkindl-
märkte, die natürlich auch von Wien-Besuchern
stark frequentiert werden.
Weihnachtsmärkte als solche gibt es in Wien
schon seit rund 700 Jahre.

So – und jetzt ist es soweit.
Eine kleine – ausschnittsweise – Auflistung der
Möglichkeiten für einen Wien-Besucher folgt.

I „Das nicht Übliche"
Wanderung durch ein Wien-Jahr
Mit Möglichkeiten des Erlebens und Aktivitäten
oder auch des Nur-Schauens

1

Wenn wir mit dem Jahresbeginn – bzw. mit dem Ende eines solchen anfangen, muss der Silvester-pfad natürlich seine berechtigte Erwähnung finden.

Silvester feiern in Wien, ist schon fast zu einem Muss geworden.

Am 31. Dezember jeden Jahres beginnend, tut sich im 1.Wiener Bezirk – der „City" allerhand.

Angefangen von Ständen, die für das leibliche Wohl sorgen, von solchen, die noch div. Silvesterartikel wie Glücksbringer verkaufen, über diverse Bühnen mit Konzerte und Schautanzen und vieles mehr, an vielen Plätzen und Straßen.

Ein wirklich reichhaltiges Angebot an Belustigungen und Unterhaltung für jung und alt.

Natürlich darf man nicht unter Platzangst leiden. Für diese Bemitleidenswerten ist weder der Zeitpunkt noch der Ort der Richtige.

(Aber das Problem haben Sie in Rio beim Carneval auch).

Aber alle Anderen werden sich – wie in eine große Familie eingebunden – wohl fühlen.
Schon am Nachmittag kann man an vielen Plätzen
und in vielen Gassen der Innenstadt nicht mehr
umfallen. Hätte man auch noch soviel vorgefeiert.
Es ist eine Geschiebe und Gedränge; aber friedlich
und zwischenmenschlich.
Die absolute Krönung ist natürlich Mitter-
nacht/Neujahr.

Zu diesem Zeitpunkt sollte man unbedingt schon
seit geraumer Zeit auf dem wichtigsten Platz in
Wien sein: dem Stephansplatz, vor unserer allseits
bekannten und beliebten Stephanskirche. (Der
größten Kirche Wiens – bzw. Dom).
Das Getöse der Kracher und Raketen, die knallen-
den Sektkorken; all das übertönt locker den Klang
der mächtigen Glocke im unfertigen Turm der
Stephanskirche.
(Warum dieser Turm nie fertig gestellt wurde,
gehört u.a. ins Reich der Geschichten und Sagen).
Wie schon erwähnt, ist der Klang der „Pummerin"
– wie diese Glocke heißt – nur mehr mit viel Fan-
tasie wahrzunehmen.

Dafür gibt es aber dann am Stephansplatz und
anschließendem Graben (ein Platz der nur so heißt
und nicht so tief ist), fleißiges Walzer-Tanzen.
Natürlich nur, soweit es der Platz (zwischen den
Menschen) zulässt.

Walzer wird allerdings kurz nach Mitternacht fast überall getanzt.

Der wohl berühmteste Walzer – besonders für diesen Anlass – ist der Donauwalzer, der auch um Mitternacht von den meisten Radio und Fernsehstationen übertragen wird, (im Fernsehen mit unserem Staatsopernballett als Hintergrund-Optik untermalt).

Immer wieder in solche Gelegenheiten ist der Rathausplatz einbezogen. Der Platz vor dem Wiener Rathaus, mit viel Beton, von dem man aber nicht viel merkt; entweder der vielen Stände oder aber der Masse von anwesenden Besuchern wegen; an zumindest zwei Seiten mit Park - dem Rathauspark - umgeben.

Möglicherweise tanzen Einige zu viel Walzer; sie haben dann für den Rest des Jahres genug und sparen sich ihre Energien für den nächsten Silvester auf.

Und die, die gerne weitertanzen möchten, haben auf unzähligen Bällen dazu Gelegenheit.

Aber wie auch immer.

Zu Silvester bekommen durch die Stimmung oft auch normalerweise Nichttänzer, Lust auf genau Dieses.

Falls es allerdings Leute gibt, die Silvester nicht daheim (zum Teil weil sie eben in Wien keine

Wohnung haben – z.B. als Tourist) oder in einem Lokal verbringen wollen und trotzdem sich nicht dem klaustrophobischem Gefühl in der Innenstadt hingeben wollen, besteht die Möglichkeit, Silvester auf eine Erhebung, z.B. auf einem der „Wiener Hausberge", zu verbringen.

Hier haben sie Wien zu Füssen mit dem unvergesslichen Erlebnis von tausenden Feuerwerken die sozusagen zu ihren Füssen abgeschossen werden aber ihre Pracht zumindest zum Teil über Ihren Köpfen entfalten.

Gegebenerweise bieten sich hier u.a. Kahlenberg, Leopoldsberg, Cobenzl an.

Aber auch von – allerdings niedrigeren - Erhebungen im Süden Wiens haben Sie eine tolle Sicht auf das Spektakel.

Und eine Flasche Sekt mit Gläsern oder eine Thermoskanne mit heißem Punsch um das Neue Jahr ordnungsgemäß feiernd zu begrüßen, kann man sich ja mitnehmen.

Eine Möglichkeit der schwierigeren Art wäre, das ganze Treiben von Donauturm aus zu betrachten. Aus mindestens 150 m Höhe ist eine tolle Sicht gewährleistet. Hier ist aber sicher eine zeitgerechte Platzreservierung von Nöten.

Das gleiche gilt für das so genannte Haas-Haus, direkt an der Ecke Stephansplatz-Graben, ca 50 m von der Stephanskirche entfernt.

Mit Nobelrestaurant im letzten Stock.

Hier feiert üblicherweise ein Teil der High-Snobiety den Jahreswechsel.

Die genannten Berge sind allerdings auch außerhalb der Silvesterzeit einen Ausflug wert.
Mit den vorhandenen Möglichkeiten eines Spaziergangs oder auch einer Wanderung und einer anschließenden Labung in einem der Restaurants mit einem schönen Blick über Wien, laden diese Berge eigentlich zu jeder Jahreszeit zu einem Besuch ein.
Aber dazu später.

Zuletzt sei noch ein Ereignis erwähnt, für das man noch schwerer eine Eintrittskarte erhält als für den Besuch und einer Vorführung der spanischen Hofreitschule und das am 1. Januar Vormittag statt findet – es ist dies das Neujahrskonzert der Wiener Philharmoniker im Wiener Musikvereinssaal – immer unter einem Stardirigenten.
Diese Konzert – im Fernsehen mit Einlagen des Wiener Staatsopernballetts gezeigt – wird jährlich in fast die ganze Welt übertragen.
Sowohl Radio als auch Fernsehen.

***

Nach diesem Ereignis tut sich für die nächste Zeit nicht wirklich viel.

Das heißt natürlich nicht, dass tatsächlich nichts los ist in Wien. Lokale gibt es in Wien überproportional viele.
Und natürlich sind da auch die ganzen Sehenswürdigkeiten. Aber zu denen kommen wir ja erst später.

Wir haben natürlich auch einige Eislaufplätze in Wien.
Kunsteis in den meisten Fällen. Auch einige Natureisplätze, die aber in den letzten Jahren nicht wirklich oft benutzbar waren.
Falls es wirklich längere Zeit kalt ist – d.h. einiges unter null Grad – bieten sich auch einige Wasserflächen, wie die Alte Donau im 22. Bezirk zum Eislaufen an.
Teilweise befinden sich die Eislaufplätze in wirklich schöner und auch guter Lage.
(Außerdem gibt es keine Ausreden von wegen kein Eislaufen möglich, weil keine Schlittschuhe mit dabei. Es gibt sie zum Borgen!).

Im Prater kann man – natürlich nur bei vorhandenem Schnee – auch Schilanglaufen.
Die Hauptallee – die den Prater durchschneidet – bietet mit ihren fast 4,5 km Länge auch diese Möglichkeit.
Vor den Toren Wiens kann man auch Schifahren.
Nicht auf „Überloipen und Hängen", aber in kürzester Zeit erreichbar.

Für die weniger sportlichen und diesbezüglich Aktiven, bieten sich natürlich außer den Lokalen noch Opernhäuser, div. Theater, Museen der verschiedensten Art und Themen, sehr gut bestückte Gemälde Galerien, Konzertsäle, und Kinos zu hauf an.

Aber so richtig los geht es dann erst wieder Ende Januar. Und zwar mit „unserer Art von Besichtigung und Aktivität".

Der „Wiener Eistraum" ist angesagt.
Schon seit über zehn Jahren ein Publikumsmagnet.
Mit div. Ständen für das kulinarische Wohl; Essen und Trinken vom Unterschiedlichsten.
Aber das wirklich Anziehende ist die künstliche Eisfläche.
Das ganze spielt sich vor dem Wiener Rathaus ab, (wieder einmal), welches als Kulisse geradezu ideal ist.
In einem Farbenspiel taucht genanntes unter, ebenso wie die Eisfläche(n) und das ganze Areal.
Es sind nicht nur Eisflächen, sondern Wege aus Eis, die durch den Park vor dem Rathaus führen.
Immer mehr auch ein Anziehungspunkt nicht nur für Einheimische sondern auch für Besucher aus der ganzen Welt.
Sie können auf über 400 m auf künstlich vereisten Wegen durch den Park schlittern.

Und es ist dies ein Park nicht nur mit Rasen sondern auch mit großen alten Bäumen.
Wo sonst kann man solches schon.

Die Bäume im Park vor dem Rathaus (Rathauspark) sind unterschiedlichst geschmückt und bunt beleuchtet oder angestrahlt.
Der Wiener Eistraum hat seine „Pforten" bis Anfang März geöffnet.

***

Als nächstes sind die Ostermärkte ein Programmpunkt.

Es sind derer einige auf schönen Plätzen in Wien.
So in der City, auf der „Freyung"; vor dem Schloss Schönbrunn; und an noch einigen Orten.
(Meisten sind es die gleichen Plätze, an denen in der Vorweihnachtszeit die Adventmärkte abgehalten werden, die meistens nur etwas größer sind).

Zwischendurch gibt es immer wieder Veranstaltungen, bei denen u.a. verschiedene Bundesländer in Wien zu Gast sind und Sehenswürdigkeiten bzw. auch wieder Kulinarisches aus der betreffenden Region dem interessierten Publikum näher bringen.
Des weiteren Veranstaltungen rund um den Hund, mit Vorführungen von Polizei, Suchhunden, uvm.

Auch gibt es das Fest der Pferde; um den Wein; und ein Fest des Rades (Fahrrad).
Nicht nur, dass ‚man sein eigenes Rad checken lassen, sich Tipps für Radtouren oder eine Sicherheitsmarkierung am Fahrrad anbringen lassen kann (bezüglich Diebstahls); es sind auch Vorführungen und Showeinlagen mit dem Rad zu sehen. Teils wirklich waghalsige und in jedem Fall sehenswerte Stunts.

Ab Frühjahr bis Spätsommer/Herbst gibt es auch immer wieder Straßenfeste in den Bezirken – von denen Wien 23 hat.

Es gibt auch Pferderennen – z.B. Traben – in Wien. Ganzjährig. Dies auf einer mit teilweise noch alten erhaltenen Gebäuden (19.Jhdt.) versehen Rennbahn am Rande des Wiener Praters.
In der Krieau.
Sicher interessant und auch stimmungsvoll.
Natürlich auch für jene, die dem „Laster" des Wettens frönen.

2

Aber noch sind wir eigentlich in der kalten oder kühlen Jahreszeit.
Da dürfen natürlich unsere Ball-Veranstaltungen nicht übergangen werden.

Die Ballsaison beginnt eigentlich schon im November, erlebt aber ihre Höhepunkte im Januar und Februar mit den wirklich großen und bekannten Bällen, wobei der international sicher bekannteste der Wiener Opernball ist.

Der Gegensatz zu den im Normalfall eleganten Bällen, wobei bei den Größeren zumindest Smoking vorgeschrieben ist (beim Opernball Frack), sind die Maskenbälle oder „Gschnas".
Hier geht es natürlich bunt und ungezwungen zu und ist für Viele anziehender (obwohl oft sehr ausgezogener) als die naturgemäß eher „steifen" und eben eleganteren Veranstaltungen.

Einer der „späten" Bälle, der fast schon im Sommer stattfindet, ist der inzwischen schon zu einer Institution gewordene „Life Ball".
Eine Veranstaltung gegen oder für Aids.
Hier sind die schrägsten Kostüme angesagt und das Ganze spielt sich - am frühen Abend beginnend - mit einem Zug über die Wiener Ringstraße, mit letztendlichem Ziel Wiener Rathaus bzw. dem Platz davor, ab.
Seit vielen Jahren wird dieser Ball zugunsten der Aidshilfe veranstaltet und hat schon viele bekannte und teilweise immer wiederkommende Größen von Besuchern aufzuweisen.
Elton John, Sharon Stone, um nur zwei zu nennen.

Die Veranstaltung endet normalerweise in den frühen Morgenstunden und ist von tausenden Nur-Zuschauern, die ein Spalier auf der Ringstraße bzw. dem Rathausplatz, bilden, besucht.

(Die Ringstraße ist übrigens die „Prachtstraße" von Wien. Dies deshalb, weil sich an ihren Seiten viele bekannte und auch besonders schöne Bauten befinden. Sie umfasst hufeisenförmig den 1.Bezirk = Innere Stadt/City).

Ja. Weiters sind eben die verschiedenen Möglich-keiten von Besichtigungen unserer – in jedem Fremdenführer aufgeführten – Sehenswürdigkei-ten. Wobei sich natürlich in der kalten Jahreszeit eher eine Besichtigung der „Innereien" empfiehlt. Aber wie schon erwähnt – dazu kommen wir spä-ter.
Schönbrunn mit Tiergarten ist auch ganzjährig geöffnet, aber in der wärmeren Jahreszeit doch besser und schöner anzusehen. (z.B. mit den Tie-ren in den wesentlich größeren Freigehegen).

3

Nachdem wir zuletzt mit den Ostermärkten schon im Frühjahr waren, kommen wir zu der vermut-lich intensivsten Zeit des Wien-Jahres.

Schon ab Mai bzw. Juni gibt es diverse und ständige Events an diversen Plätzen Wiens.
Am Fluss, der mehr oder weniger auch das Herz Wiens streift – nicht die Donau, die zwar auch durch Wien fließt, aber lediglich 2 Wiener Bezirke abgrenzt – sondern den Donaukanal.
(Dieser streift u.a. auch den 1. Bezirk).
Er ist für die großen Schiffe, die auf der Donau oft mehrwöchige Fahrten in und von anderen Ländern machen, nicht geeignet.

Am Ufer dieses Flusses gibt es zahlreiche Lokalitäten, auch mit Musik und anderen Unterhaltungsangeboten.
Ein alter Schaufelraddampfer, der früher als Ausflugsschiff auf der Donau in Betrieb war, ist jetzt hier fix verankert und dient als „Tanzschiff", Tanz-und-Speiselokal.
Ein anderes „Schiff" – d.h. eher eine Art Schleppkahn – gibt es noch nicht so lange, ca. 1 Jahr; aber es ist mit Schwimmbad (sep. Teil) und Gastronomie versehen.
Einige der Lokale befinden sich auf und inmitten tonnenweise aufgeschütteten Sandes und vermitteln so den Eindruck eines Aufenthaltes an einem beliebigen Sandstrand, welches Gefühl noch durch aufgestellte Palmen verstärkt wird.

Eine dieser „Sandwelten" ist erst 2007 hinzugekommen.

Am Heumarkt, so heißt der Platz, wo früher in der warmen Jahreszeit Tennis gespielt wurde und noch früher „gewrestelt" (hat hier früher Freistilringen geheißen), gibt es so eine Sandwelt.

Nicht nur, das abgetrennt von dem Teil mit Lokalen - mit einem teilweise internationalen Angebot an Speisen – eine wirkliche Sandwelt gebaut wurde (ist sep. zu besichtigen und kostet Eintritt), mit div. international berühmten Bauten und Figuren, eben aus Sand nachgebaut – ist der Andere und vermutlich größere Teil des Platzes ein großer „Gastgarten", mit einer Unzahl von Ständen für das Kulinarische, mit Tischen, Hocker, Liegen und verleitet somit auch zum Relaxen und sich der Täuschung hinzugeben, zwar in Wien aber doch an einem fernen Ort in südlichen Gefilden zu sein. Also fast Urlaubsstimmung vermittelnd.
(Im Winter ist dieser Platz einer der schönsten und ältesten Eislaufplätze Wiens – der Wiener Eislaufverein; praktisch im Herzen der Stadt).

***

Wien bietet überhaupt in seinen Grenzen auch eine Unmenge an Grün.

Viele als Gärten titulierte – welches zum Teil noch ihre Begründung in der Monarchie hat – Parks. Um nur einige zu nennen: Burggarten,

Volksgarten, Augarten, der Garten/Park im Schloss Belvedere, im Schloss Schönbrunn, uva.

Nicht vergessen darf man bei dieser Gelegenheit natürlich den Wiener Prater.

Zu frühen Kaisers-Zeiten ein Jagdgebiet, jetzt ein riesiges Erholungsgebiet mit jeder Menge Grün. Großteils noch ziemlich natur belassen. Das Areal wurde 1766 von Kaiser Joseph II der Wiener Bevölkerung als Erholungsgebiet überlassen.

Allerdings ist ein Teil dieses Praters eher nicht der Erholung vorbehalten sondern der Unterhaltung; es ist dies der „Wurstlprater", mit seinen Ringelspielen, Geisterbahnen, Hochschaubahnen, Wurf – und Schiessbuden und natürlich wieder – Lokalen mit teilw. großen Gastgärten. Richtig aktuell erst durch die Weltausstellung 1873 geworden; heute ein Publikumsmagnet. Untrennbar mit dem Prater verbunden ist der Name Calafati; Basilio Calafati – eigentlich Kaffeehausbesitzer, kurbelte das Pratergeschehen an. Wien hat auch den wohl längsten Badestrand innerhalb einer Stadt mit einer Länge von ca. 16 km. Daneben gibt es natürlich auch noch eine Menge von richtigen Bädern. Wobei hier ein Bad betreffend der Länge des Badestrandes der „Rinne" den Rang streitig macht.

Es ist dies das Gänsehäufel, zu dem wir noch kommen werden.

(Allerdings gibt es auch einiges an Hallenbädern für die kalte Jahreszeit).
In Wien gibt es – durchfließend – die Donau, auf der man Ausflugs und Besichtigungsfahrten mit diversen Schiffen machen kann.
Das ist auch teilweise am Donaukanal möglich, wobei die Rundfahrten meisten beide Flüsse mit einschließen.

Eine der jüngsten und schnellen Möglichkeiten, ist mit dem Twin-City-Liner – einem flotten Doppel-rumpfschiff - einmal kurz nach Press-burg/Bratislava – der Hauptstadt der Slowakei - zu fahren und in rund einer Stunde sind sie am jeweiligen Ziel (kommt drauf an, von welcher Richtung sie kommen).
Allerdings besteht auch die Möglichkeit mit der „Raketa", einem Tragflügelboote, zu fahren.
Dies ist allerdings schon ein älteres Baujahr.

Mit schwimmenden Hotels – den Donauschiffen – können sie wochenlang herumschippern, auf der – fast – ganzen Länge der Donau.
Für Bootsfahrten mit kleinen Booten bietet sich mitten im Wiener Prater auch eine Möglichkeit auf dem so genannten Heustadelwasser.
Hier können Sie nach Herzenslust rudern.

Auf einer wesentlich größeren Fläche ist dies auf der so genannten „Alten Donau" möglich.
Hier allerdings auch für die weniger sportlichen mit Elektrobooten.
Es ist dies eine ehemaliger Arm der Donau vor ihrer Regulierung und jetzt faktisch ein Binnengewässer.
Auch sind am Rande der Genannten einige Lokale um auch dieses Bedürfnis zu stillen.
Umgeben von diesem Gewässer ist Wiens ältestes Bad: das Gänsehäufel. (Gegründet vor über 100 Jahren).
Wie schon erwähnt, ein Strandbad, aber auch mit diversen Schwimmbecken in der Mitte.

An den Ufern der „Neuen Donau", die eine Entlastungsrinne der Donau ist, um Überschwemmungen wie in früheren Jahren zu vermeiden und parallel zu dieser verläuft, befindet sich auch der schon erwähnte längste Badestrand Wiens.
Mit auch diversen Lokalen an den Ufern.
Besonders ist hervorzuheben die so genannte „Copa Cagrana", mit einer Ansammlung der verschiedensten Lokalen in geballter Form.

Für sportlich Aktive bietet Wien natürlich auch einiges. Zum aktiv Mitmachen und Zusehen.
Von Fußball, Tennis, Golf, Hockey, Jogging Möglichkeiten – wobei eine beliebte Strecke die Hauptallee im Prater ist mit einer Länge (eine

Richtung) von 4,3 km. Schnurgerade.
(Warum eigentlich Schnur?)
Weiters Fitness (Studios), Squash, Badminton,
Handball, Volleyball, Inline-Skaten, Minigolf,
Wandern, Baseball, American Football, Reiten,
Tisch-Tennis; und die schon erwähnten Möglich-
keiten des Wintersports; und natürlich Schwim-
men.
Ein Abenteuer der Extraklasse wäre während der
warmen Jahreszeit auch die Möglichkeit des Bun-
gee Jumping vom „Donauturm"; Absprung von
152 m Höhe.

Möglicherweise habe ich etwas vergessen. Dann
möchte ich mich dafür entschuldigen.
Ich und „mein Werk" erheben nicht den Anspruch
auf Vollkommenheit.

Das alles kann man innerhalb der Grenzen Wiens.

***

Eine Institution für Läufer ist auch der alljährlich
stattfindende Wien-Marathon, der durch weite
Teile der Stadt geht und im späten Frühjahr stattfindet.
Des weiteren wird bei dieser Gelegenheit für die
weniger Ausdauernden auch ein Halbmarathon
und auch noch ein Kindermarathon gelaufen.

Bezüglich meiner Ausdauer versuche ich jedes Jahr, bei Letztgenanntem zu melden, werde aber regelmäßig mit der lächerlichen Begründung abgelehnt, ich sei kein Kind mehr.

(Die Folge diese Veranstaltung ist eine faktische Lahmlegung des Verkehrs in Wien. Aber was nimmt man nicht alles für den Sport in Kauf; inkl. Infarkten verschiedener Art, wie Herz, Verkehr).

Leute die weniger aktiv sind, können sich mit diversem Schauen begnügen, eben bei erwähnten Läufen – die Aktiven werden immer von tausenden Begeisterten entlang der Route angefeuert, oder - wie z.B. beim Praterfest, das allerdings zu einem anderen Zeitpunkt stattfindet.

4

Nachdem wir jetzt in der warmen Jahreszeit bzw. schon beim Sommer, angekommen sind, wenden wir uns den Möglichkeiten der Unterhaltung und Freizeitgestaltung zu, die sich in dieser Jahreszeit schon fest etabliert haben.

Die so genannte Donauinsel – das ist der Landstreifen zwischen Donau(-strom) und Neuer Donau/Entlastungs(ge)rinne – bietet im Sommer ein Spektakel der Extraklasse, das inzwischen auch schon weit über unsere Landesgrenzen hinaus bekannt ist: Das Donauinselfest.

Drei Tage ist hier die Hölle - oder der Bär los, oder wie immer man dazu sagen möchte.

Auf einer Länge von mehreren Kilometern und einer Breite von ca. 200m sind unzählige Bühnen aufgebaut, auf denen heimische und internationale Künstler auftreten. D.h. es gibt in diesen drei Tagen –zig Konzerte, Veranstaltungen der verschiedensten Art, Sportwettbewerbe, informative Darbietungen, einen Jahrmarkt mit Hochbahnen u.ä. Natürlich auch Stände (wienerisch „Standln), die von Bekleidung – der eher unkonventionellen Art – über Fanartikel u.v.m. anbieten und selbstverständlich unzählige „Standln" für den gastronomischen Bedarf. Da es meistens ziemlich warm bis heiß ist und hergeht, muss natürlich für die trockenen Kehlen genügend zum Befeuchten vorhanden sein.

Und es ist.

Mit weit mehr als einer Million Besuchern, ist dieses „Event" sicher eines der erfolgreichsten und meistbesuchten von Wien.

***

Weiter geht es mit dem Filmfestival oder besser Musikereignis auf dem Wiener Rathausplatz.

Auf einer riesigen Freilicht/luftleinwand werden in den Monaten Juli und August Filmaufzeichnungen von Opern, Operetten und Konzerten (der klassischen Art) gezeigt.
Es gibt für hunderte Besucher die Möglichkeit einen der vorhandenen Stühle zu ergattern und die jeweiligen Ereignisse bequem sitzend zu genießen.
Heuer – 2007 – ist auch noch eine halbkreisförmige Tribüne errichtet worden; mit vielen Sitzreihen um noch mehr Leuten ein noch größeres Hör- und Seh-Vergnügen zu gestatten.

Natürlich kommt auch hier das leibliche Wohl nicht zu kurz.
Mit einer großen Anzahl von Ständen; bequemen Tischen und Stühlen kann man sich hier mit Speisen und Getränken aus der ganzen Welt verwöhnen lassen.

Dieses Angebot wird nicht nur von Wienern und Österreichern seit Jahren gerne genützt, sondern zieht – nicht zuletzt wegen des hohen künstlerischen Angebots – immer mehr Touristen in ihren Bann.
Dazu kommt, dass die Aufmachung, das Ambiente wohl wirklich einzigartig ist.
Sozusagen im Rücken des Ganzen, ist nämlich auch ein Gebäude das sich sehen lassen kann – das Wiener Burgtheater, oder einfach „die Burg",

wie es von Insidern und Liebhabern und vermutlich den meisten, genannt wird.

Natürlich ist dieses Gebäude auch bei allen anderen Veranstaltungen, die auf dem Rathausplatz abgehalten werden ins Bild mit einbezogen; es liegt genau gegenüber dem Rathaus und der Blick wird durch nichts behindert.

(Meine – bis dato – letzte Lebensgefährtin, eine Deutsche, hat mir erklärt: ich hätte schon ein großes Plus, ich lebe in einer wunderschönen Stadt. Sie hat das meiste von den genannten Möglichkeiten mit mir in Wien erlebt und war restlos begeistert.

Warum sie trotzdem nicht mehr mit mir und Wien vereint ist, ist weniger unsere Schuld – meine und Wiens - als die div. Umstände, die zu erläutern hier nicht der Ort ist).

Die Begeisterung habe ich allerdings schon bei vielen ausländischen Gästen und Besuchern feststellen können.

Wenn irgend möglich und Bekannte aus dem Ausland nach Wien kommen, betätige ich mich liebend gerne als Fremden/Bekanntenführer.

Last Not Least zeigt aber das ständige Anwachsen der Besucherzahlen, dass das Angebotene gut angenommen und mit häufigem Wiederkommen honoriert wird.

Ähnlich wie beim Musikfilmfestival auf dem Wiener Rathausplatz, geht es an vielen Plätzen in und um Wien zu.

Im Augarten – einer großen Parkanlage im 2. Wiener Bezirk – gibt es im Sommer ein Filmfestival.

Mit – wie gehabt – Standln für das leibliche Wohl, und Freilichtkino.

Fast Gleiches gibt es auch im 11. Bezirk, im Schloss Neugebäude; im 2. Bezirk in der Krieau (neben der Trabrennbahn, die ihren Betrieb in den Monaten Juli und August nach Baden bei Wien verlegt).

Hier habe ich selbst schon bei Kultfilmen wie der „Rocky Horror Picture Show" einen Besucherrekord von 1200 Personen erlebt.

Für einen eigentlich alten Film bemerkenswert, außerdem ein unvergessliches Erlebnis.

Verbunden durch die Begeisterung zu diesem Filmmusical war eine Superstimmung mit hochgehaltenen Feuerzeugen und teilweise in Kostümen zum Film kommend, etc.

Gut besucht war auch immer der schon Kultfilm von Roman Polanski: Tanz der Vampire, obwohl er jahreszeitlich wirklich nicht passt.

Auch in Klosterneuburg – einige km außerhalb von Wien - gibt es Solches, aber wir wollen ja in Wien bleiben.

Das Angebot an Filmen, die bei diesen Gelegenheiten gezeigt werden, umspannt einen Bogen von alten Klassikern, Stummfilmen, den neuesten Filmen und Blockbuster.
Es ist wirklich für jeden Geschmack was dabei.
Genauso wie beim kulinarischem Angebot.

(Da ich sicher einige dieser Ereignisse und Orte ausgelassen habe, möchte ich mich dafür bei allen Beteiligten entschuldigen.
Es gibt noch mehr, als die Aufgezählten; teilweise dauern sie aber auch nur einige Tage.
Für jeden Interessierten, gibt es aber die Möglichkeit, sich im betreffenden Jahr dahingehend zu informieren, da einige dieser Veranstaltungen nicht immer abgehalten werden).

Der Wien-Besucher kann bei diesen Gelegenheiten – allerdings auch bei Anderen und dem Besuch von Lokalen besonders der Innenstadt und von Heurigen in diversen Bezirken (u.a. auch Grinzing) – feststellen, wie leicht es ist, hier zwischen menschliche Kontakte zu knüpfen.
Man kommt ganz einfach ins Plaudern mit dem Nachbar oder auch weiter entfernt stehen- und sitzenden.

Des weiteren gibt es natürlich auch jedes Jahr
Konzerte internationaler Künstler entweder im
größten Stadion Wiens – in dem auch die Fußball
EM 2008 mit einigen Spielen vertreten ist – oder
vor dem Schloss Schönbrunn und an div. anderen
Orten.
Natürlich finden auch Konzerte in geschlossenen
Hallen statt; Wiener Stadhalle – die jetzt 50 Jahre
alt wird, und in ihren Hallen einiges an Platz für
Solches zu bieten hat, (sie ist natürlich im Laufe
der Jahre immer wieder umgebaut und moderni-
siert worden); Gasometer, (überhaupt sehenswert
– 4 ehemalige Gasbehälter, die unter Denkmal-
schutz stehen, wurden gleichsam inwendig ver-
baut), u.v.a.
Außerdem gibt es auch immer wieder Zirkusse,
die in Wien ihre Zelte aufschlagen und jenseits
der althergebrachten Attraktionen ein gänzlich
neues und z.B. nur mit Menschen/Artisten bestrit-
tenes Programm bieten.

Wenn man darauf aus ist, würde man für jeden
Tag des Jahres etwas finden.
Damit meine ich nicht einen Film in irgend einem
Kino – deren es natürlich auch genug gibt.
Oft schon Kino-Center mit bis zu acht und mehr
Kinos.

In der Innenstadt – wo unsere Feuerwehrzentrale
und der älteste Bau, der Teil der Feuerwehr über-

haupt (mit Museum), gibt es jedes Jahr ein Feuer-
wehrfest.
Diverse Vorführungen zeigen vom Einsatz dieser
Institution und ihren Angehörigen.
Sehr beliebt bei Kindern aber auch Erwachsenen
ist die Möglichkeit, mit einer der Plattformen die
beim Löschen und Retten in großen Höhen zum
Einsatz kommen und wie sicher bekannt, an einem ausfahrbaren Arm an den Ort des Geschehens
herangebracht werden, in schwindelnde Höhen
„mitzufahren" und so einen sicher selten erlebten
Blick auf die unten Gebliebenen zu werfen.

Auch gibt es in Wien einige Gewässer – u.a. auch
Badeteiche – die Natur pur bieten.
Mit vielen Tierarten, Schilfgürtel, u.v.a. – alles
„inmitten" in der Stadt.

Natürlich gibt es dann auch noch Veranstaltungen
wie Trial, Radrennen – auf einigen Wiener Straßen, Rally-Sonderprüfungen, Oldtimer Rallys,
Regenbogenparade, unzählige Laufveranstaltun-
gen über verschiedene Distanzen, u.v.m.
Natürlich auch diverse „Umzüge" mit Musik,
teilweise Kostümen, etc.

Einige der Feste und Veranstaltungen sind etwa
Mitte September.
Das Erntedankfest am Wiener Heldenplatz 1.Bez.
– mit Kulisse der Hofburg; oder wie heuer – 2007

– im Schloss Neugebäude 11.Bezirk (Simmering)
ein Mittelalterfest – mit Schaukämpfen und Ständen an denen Bekleidung, Gebrauchsgegenstände
und auch „Waffen" zum Kauf angeboten werden.
Oder das Sturmfest, welches nichts mit starkem
Wind zu tun hat, sondern mit dem Wein, bevor er
noch einer ist (nach Gärung).

5

Wenn wir jetzt den Sommer und somit die warme
Jahreszeit hinter uns lassen, bieten sich als nächste
„Groß-Events" die mit Mitte November begin-
nenden Weihnachts-Advent- und Christkindl-
märkte an.
Was der Unterschied, außer dem Namen ist, kann
ich Ihnen leider nicht sagen.
Aber viele davon sind – ungeachtet des Namens –
ganz einfach schön, stimmungsvoll, beeindruckend und bringen einen sicher in eine
Vor/Weihnachtsstimmung.
(Es gibt – wie schon früher erwähnt - Weihnachtsmärkte in Wien schon seit etwa 700 Jahren).

Beginnend mit dem vermutlich größten und bekanntesten am Wiener Rathausplatz (1.Bez.), der
auch als einer der Ersten seine „Pforten" öffnet.
(Etwa Mitte November).

Unzählige Stände, mit diversen Dingen, die zum Kaufen und Schenken animieren; praktischen, netten, weihnachtlichen und natürlich auch wieder gegen Durst und Hunger.

Die Bäume im Rathauspark sind festlich und mit viel Aufwand geschmückt; der ganze Wiener Christkindlmarkt strahlt Weihnachtlichkeit aus.

Für mich allerdings zuviel.

Und auch zuviel Kommerz.

Für Touristen offenbar ein wirkliches und fast schon Pflicht-Erlebnis, gefallen mir einige andere Wiener Weihnachtsmärkte besser.

Um einen anderen großen Adventmarkt, der eher meinen Ansprüchen gerecht wird, zu nennen; den vor dem Schloss Schönbrunn. (13. Bezirk).

Über die Kulisse kann man verschiedener Meinung sein.

Ob das Rathaus oder das Schloss mehr hergibt.

Die Stände sind hier im Kreis angeordnet, mit einigen in der Mitte.

Der Weihnachts- oder Christbaum ist nicht ganz so hoch wie der vor dem Rathaus.

Aber die Stände sind etwas kleiner, das Angebot mehr weihnachtlich.

Während auf dem Rathausplatz auch Alltagsachen wie Bekleidung oder Gebrauchsgegenstände angeboten werden, gibt es hier eher auf Weihnachten bezogenes und – großteils – manuell/handwerklich gefertigte Artikel.

Davon abgesehen, ist der Weihnachtsmarkt vor dem Schloss Schönbrunn auch noch am 25. und 26. Dezember geöffnet.
(Der am Rathausplatz bis einschließlich 24. Dezember 17h).

Ein sicher sehr stimmungsvoller Weihnachtsmarkt ist der im 1. Bezirk auf der Freyung befindliche „Alt Wiener Christkindlmarkt".
Nicht allzu groß, bietet er aber doch ein genügend großes Angebot an auf Weihnachten zugeschnittenen Artikel und vermittelt mit seinen eher kleinen sich aneinander drängenden Ständen und den auch angenehmen Düften inmitten alter Häuser und Palais, die den Platz umgeben, ein sehr schönes und stimmungsvolles Ambiente.
Außerdem auch einen Touch von Nostalgie.
Vielleicht waren Weihnachtsmärkte früher so.

In unmittelbarer Nähe gibt es seit einiger Zeit einen anderen Weihnachtsmarkt und zwar Am Hof, es ist dies ein Weihnachts-Antiquitätenmarkt.
Der Antiquitätenmarkt ist auch die meiste Zeit des restlichen Jahres vorhanden – allerdings nur zum Wochenende (Freitag, Samstag) dort zu finden.
Jetzt wird er aber auch weihnachtlich umrahmt.

Unbedingt sehenswert ist in der Vor-/Weihnachts- bzw. Adventzeit: der Graben.

Es ist dies der Platz, über den ich schon zu frühe-
rem Anlass (Silvester) geschrieben habe.
Die Beschmückung dieses Platzes ist wohl einzigartig.
Obwohl viele Gassen/Straßen und Plätze – nicht
nur in der Innenstadt – in ganz Wien weihnachtlich geschmückt sind; außerhalb der City vor-
nehmlich die Einkaufsstraßen; übertrifft der
Weihnachtsschmuck des Grabens alles andere.
Auch noch sehenswert ist der an den Graben an-
schließende Kohlmarkt.

Ein schon seit langer Zeit etablierter Weihnachtsmarkt, der sich nicht an einem Platz sondern in
einigen eher engen Gassen befindet, ist der Weihnachtsmarkt Am Spittelberg. (8.Bezirk).
Inmitten alter Biedermeierhäuser vermittelt er
auch ein Flair von Weihnachten in früherer Zeit.

Der Kusthandwerksmarkt vor der Karlskirche (4.
Bez.) ist u.a. durch die Kulisse der Kirche schon
eine stimmungsvolle Sache.
Es werden hier nicht unbedingt alltägliche Dinge
und speziell für Weihnachten, aber eben kunst-
handwerkliche Sachen angeboten.

Natürlich ist auf allen Märkten für das Kulinarische Wohl gesorgt.

Des weiteren sollte erwähnt werden, dass nicht alle Märkte so zeitig wie der am Rathausplatz eröffnen.
Einige beginnen mit Ende November bzw. Anfang Dezember und schließen am 23. Dezember.
D.h. nicht fast sechs Wochen sondern nur etwa knappe vier Wochen geöffnet.

Ein sehr netter Markt ist das Weihnachtsdorf am Universitätscampus im Alten AKH. (9.Bez.).
Schon vor einigen Jahren begründet, befindet es sich am ehemaligen Gelände des alten Allgemeinen Krankenhauses, das schon seit geraumer Zeit in neue Gebäude in der Nähe dieses alten Areals übersiedelt ist und heute einen Ruf, weit über unsere Landesgrenzen hinaus genießt.
Das Gelände wurde einigen Universitäten einverleibt und lädt auch außerhalb der Weihnachtszeit zum Besuch mit einigen Lokalen und viel Grün in Parkform in den vielen Höfen der Anlage ein.
Auch hier ist – wie auf den meisten Märkten – Weihnachtssingen, Bläser u.a. angesagt.

Ähnlich dieses letztgenannten Weihnachtsmarktes wurde vor einigen Jahren einer beim Schloss Belvedere eröffnet. (4.Bezirk).
D.h. direkt neben dem Schloss – allerdings an der Rückseite gelegen – und somit auch im weitläufigen Schlosspark.
Die Kulisse ist natürlich auch recht schön.

Von der anderen Seite des Schlosses hat man übrigens einen schönen Blick über Teile Wiens – insbesondere die Innenstadt.

Einer der letzten Märkte die eröffnet wurden, vergangenen Jahres – also 2006 – befindet sich zwischen den Museen am Ring; dem Kunst- und dem Naturhistorischen Museum.

Es gibt noch einige Weihnachtsmärkte, deren vollständige Aufzählung den Rahmen dieser Liste sprengen würde.
Erwähnt sei vielleicht noch ein eher kleiner Markt im 22. Bezirk, den es nun auch schon einige Jahre gibt und dessen Besonderheit darin besteht, dass er sich in einem so genannten Reservegarten der Stadt Wien befindet, u.a. mit Glashäusern, die zu diesem Anlass immer mit einem Thema versehen, eindrucksvolles zu bieten haben. Z.B. - Weihnachten in aller Welt, mit Erklärungen, Exponaten und Geschichten, die Weihnachtsbräuche in verschiedenen Gegenden der Welt zum Thema haben und diese „bildlich" dem Beschauer vermitteln.
Außerdem gibt es noch ein Gewächshaus mit tropischen Pflanzen, welches auch diverse Tiere – wie kleine Affen, die sich frei darin bewegen können – beheimatet.

Etwas das man - wenn irgend möglich - sozusagen mitnehmen sollte – falls bei einem kurzfristigen

Besuch noch möglich – ist der Besuch eines Gospel und Weihnachtskonzertes in einer unserer Kirchen.
(Allerdings mit Kartenvorverkauf verbunden).

Somit hätten wir das Jahr beendet.
Nach den Weihnachtsmärkten wäre als nächstes Großereignis wieder der Silvesterpfad an der Reihe, den wir aber schon zu Beginn besprochen haben.

6

Abschließend sei nochmals gesagt, dass es außer den „normalen" Sehenswürdigkeiten, die in jedem Wien-Führer stehen, noch eine Unmenge anderer Möglichkeiten gibt, sich in Wien zu unterhalten; sowohl für Wiener – als auch für Nicht-Wiener.

Es bieten sich Möglichkeiten von Ausflügen im Wiener Raum an, Wanderungen, sportliche Aktivitäten sowie Schauen auch für Erlebnishungrige.

Für Spaziergänge in eindrucksvoller Umgebung bieten sich wie schon teilweise erwähnt, folgende Möglichkeiten:
Spaziergänge durch die Innenstadt, mit ihren anheimelnden alten, engen Gassen und Plätzen.
Aber auch in anderen Wiener Bezirken ist ähnliches – vielleicht nicht so komprimiert – zu finden.

Der 8. Bezirk mit seinem Spittelberg-Viertel, mit engen Gassen und herrlichen Biedermeierhäusern. Im 9. Bezirk z.B. das Alte AKH, mit seinen vielen Höfen die teilweise wie Parks wirken, nicht zuletzt mit dem Hof, der den so genannten „Narrenturm" beherbergt. Ein Rundbau, der früher dazu diente, geistig Kranke „aufzubewahren" und dort zu behandeln und jetzt ein pathologisches Museum ist.
Im 3. Bezirk das Gelände des Arsenals, mit seinen schönen Ziegelbauten, die früher eine Kaserne beheimateten oder mit dem Heeresgeschichtlichen Museum, einem Bau im maurischem Stil.
(Alles aus dem 19. Jhdt.).

Den Wienerwald am Rande Wiens.
Die Berge, wie schon erwähnt, Leopoldsberg, Kahlenberg, beide mit der Möglichkeit von Spaziergängen bis Wanderungen. Des weiteren mit einem fantastischen Blick auf Wien und Kirchen, die zu besichtigen es sich lohnt.
Am Cobenzl befindet sich eine Art Musterbauernhof, mit vielen Tieren, die eben z.B. auf einem Solchen normalerweise auch zu finden sind.
Für die Kinder auch mit „Streichelmöglichkeit".

Natürlich gibt es überall Lokale, um die körperlichen Bedürfnisse nach Spaziergängen in dieser Art auch zu befriedigen.

Des weiteren ist auch der Lainzer Tiergarten zu erwähnen. Mit einer Unzahl an frei lebenden Tieren.

Es ist dies natürlich alles mit öffentlichen Verkehrsmittel zu erreichen.

Auch Spaziergänge in den Parks vom Belvedere und Schönbrunn sind empfehlenswert.
Spaziergänge an der Donau oder dem Donaukanal und nicht zuletzt im Prater sind interessant aber auch erholsam.
Für Spaziergänger die im Prater unterwegs sind und die reife Leistung der Begehung der Hauptallee – mit den schon erwähnten 4,3 km Länge – geschafft haben, befindet sich als sozusagen Belohnung ein Bau aus der Kaiserzeit, das Lusthaus.
Ein nicht nur schöner Bau, sondern auch ein Kaffeehaus und Restaurant.
Schon 1560 stand ein Bauwerk an dieser Stelle, aber erst mit der Überlassung des ehemals kaiserlichen Jagdgebietes durch Joseph II 1766 an die Bevölkerung, wurde das „Lusthaus" 1781-1783 neu erbaut.

Sie müssen selbstverständlich nicht zu Fuß dorthin, sondern können auch mit dem eigenen Fahrzeug oder mit öffentlichen Verkehrsmittel „anreisen".

Aber das bringt uns eigentlich schon zu Besichtigungen.
In diesen Parks ist es ja nicht nur schön zu lust-
wandeln, sondern man sollte das auch mit dem
Besuch der dort befindlichen Bauwerke verbinden.

Das bringt uns unweigerlich zu den Besichtigungen, mit denen wir jetzt endlich beginnen wollen.

Eine nicht Anspruch auf Vollständigkeit erheben-
de Auflistung einiger Sehenswürdigkeiten Wiens.

II „Das fast Übliche"
Eine Wanderung zu den bekannten ?
Sehenswürdigkeiten
und deren Besichtigung

1

Wenden wir uns nun den Sehenswürdigkeiten der „normalen" Art zu.
Um irgendwo zu beginnen, nehmen wir den 1. Bezirk – die Innenstadt – und arbeiten uns dann nach außen.

Im Herzen Wiens befindet sich der Stephansdom; als die größte Kirche Wiens, noch dazu zentral gelegen, ist sie natürlich Ziel unzähliger Touristen. Mit etwa 2 Millionen Wien-Besuchern Jährlich steht sie als Touristenattraktion ganz oben.

So wie sie sich jetzt darstellt, wurde sie im 13.Jhdt verändert. Von früher ist faktisch nichts mehr erhalten.
Sie bietet aber nicht nur gewaltige Ausmaße, sondern auch die Möglichkeit, mit einem Lift im unvollendeten Turm – Nordturm - nach oben (später natürlich auch wieder in die Gegenrichtung) zu fahren und dort von einer Art Terrasse aus einen herrlichen Blick über Wien zu genießen, sonder auch unsere größte Glocke – die Pummerin – zu besichtigen.

Für sportlichere Naturen bietet der fertige und demzufolge höhere Turm – Südturm - die Möglichkeit – zu Fuß – bis zur so genannten Türmerstube – in 72 m Höhe - zu gelangen.

Vor langer Zeit tat ein Wächter in diesen Räumlichkeiten seinen Dienst, der nach Bränden in Wien Ausschau hielt und dieses dann verbal mit einem großen Trichter/Sprachrohr nach unten schrie.

Der Ausblick von hier ist auch schön, aber man ist eben im Gegensatz zum anderen Turm in einem Raum und sieht nur durch die Fenster.

Der Turm hat eine Gesamt-Höhe von 137 m, ist aber im Normalfall nicht gänzlich zu besteigen.

Von der Türmerstube führen noch weitere Treppen aufwärts, die allerdings in eine Art Leiter an der Außenseite des Turmes münden.

Für Besucher ist dies wie erwähnt nicht begehbar. (Für die, die es dürfen oder müssen, ein Erlebnis für eigentlich nur Wagemutige und absolut Schwindelfreie).

Im Keller der Kirche befinden sich die Katakomben, die u.a. Gräber und eine Ansammlung von menschlichen Knochen und Schädel enthalten.

***

Es gibt im 1. Bezirk einige Kirchen, die sehenswert sind, ich aber nicht alle aufzählen möchte, da sie sowieso in jedem normalen Wien-Plan enthalten sind.

Eine Ausnahme noch; die Ruprechtskirche, die mit einem Alter von rund 1000 Jahren, als die älteste Kirche Wiens gilt. („Bermuda-Dreieck").

Sehenswert ist auch noch der Rest der Virgil-Kapelle. (Stephansplatz).

Es gibt am Hohen Markt römische Ausgrabungen zu besichtigen.
Des weiteren am Michaelerplatz.
Auch Ausgrabungen von alten Fundamenten und Kellern.
Dies vermittelt einen guten Eindruck davon, wie viel tiefer früher das Niveau der Stadt war.

Sehenswert und eigentlich ein Muss, die Besichtigung der Hofburg.
Nicht nur die kaiserlichen Gemächer und die der wohl allseits bekannten „Sisi", sondern auch die Schatzkammer, mit ihren sagenhaften Schätzen wie Kronen, Zepter, Reichsäpfel und vielem mehr; die aber nicht nur von unschätzbarem Wert sind sondern auch dementsprechend geschützt und gesichert.
Weiters ist in der Hofburg auch die Waffensammlung, das Musikalien-Kabinett mit seinen alten Musikinstrumenten und die Ephesos-Ausstellung zu besichtigen.

Es gibt auch unzählige Palais, die ebenfalls einen Besuch wert sind. Eine kurze Auflistung erfolgt später.
Weiters unzählige große und kleine Museen, von denen später eine Auswahl aufgelistet wird.

Falls sie das Glück haben und eine Karte für eine Veranstaltung der spanischen Hofreitschule in Händen zu haben, schätzen sie sich glücklich.
Es ist ein nicht zu vergessendes Erlebnis.
Die Dressur der weißen Pferde – Lipizzaner - mit dem dann zu bestaunenden Ergebnis ist weit über Österreichs Grenzen hinaus bekannt.
Man kann allerdings auch bei der „Morgenarbeit" zusehen.

Für Leseratten könnte auch ein Besuch der Österreichischen Nationalbibliothek interessant sein.
Mit ihrem umfangreichen Fundus an Büchern, ob alt, welche Themen auch immer; sicher ein lohnendes Ziel für Interessierte.

Von den Lokalen, die sich in Wien und besonders in der Innenstadt befinden und jedem Anspruch gerecht werden, möchte ich gar nicht erst beginnen.
Nur soviel; es gibt Lokale, die sich in alten Gewölben befinden, wobei alt 2-300 Jahre umfasst und die allein schon dadurch ein eigenes Ambiente und Flair vermitteln.

In einem der größten Keller Wiens, befindet sich auch ein Wachsfigurenkabinett. Nahe des Heiligenkreuzerhofes. (Schönlaterngasse).

Nicht uninteressant ist auch eine Besichtigung von Resten der alten Stadtmauer; z.B. der Mölkerbastei, welches man gleich mit einem Besuch des Beethovenhauses und des so genannten „Drei Mäderlhaus" von Franz Schubert verbinden kann. Beides bekannte Komponisten.

***

Die um 1200 gebauten Stadtmauern, ursprünglich wie zu dieser Zeit üblich, Wien zu schützen, wurden 1857 geschliffen.
Das ursprüngliche Wien bestand aus nicht einmal der Fläche des heutigen 1. Bezirks.
Die Mauern wurden Basteien genannt, von denen heute in den meisten Fällen nur mehr die Namen von der Geschichte zeugen.
Mit der Schleifung der alten Stadtmauern begann der Bau der Wiener Ringstraße mit ihren „Prachtbauten".

Es gibt natürlich auch noch andere Häuser, in denen bekannte Bürger zumindest zeitweilig gewohnt haben.

So z.B. Mozart. Und noch viele andere Komponisten, Dichter, Schriftsteller und auf welche Art auch immer bekannt gewordene.

Ein gerne besuchtes Touristenziel ist die Kaiser- oder Kapuziner Gruft.
Hier sind einige unserer gekrönten Häupter „begraben", d.h. ihre Särge und Sarkophage stehen hier.

Erwähnenswert als Besuchsziel sind dann auch noch das Rathaus, dem einzigen nichtkirchlichen Bauwerk im neugotischen Stil, mit einer Turmhöhe von fast 100m und gekrönt vom – eisernen – Rathausmann, der allein eine Größe von 3,4m hat, von C. Schmidt in den Jahren 1872-1883 erbaut; das Parlament, von Theophil Hansen in den Jahren 1873-1883; das Burgtheater, welches als Ballhaus schon länger bestand und 1776 als Teutsches National Theater und 1794 als K.u.K. Hoftheater nächst der Burg geführt wurde; die Oper, und diverse Museen, z.B. das Historische Museum der Stadt Wien, das Kunsthistorische Museum mit seiner wirklich sehenswerten Bildergalerie, nur ca. 100 m davon getrennt – gleich aussehend und vis a vis dem Ersteren – das Naturhistorische Museum; weiters das Gebäude der Universität am Ring, als Hauptgebäude der Universitäten 1873-1883 von Heinrich v. Ferstel als Renaissance Palast erbaut wurde; und die Votivkirche.

Auf der „anderen Seite" des Ringes ist allerdings auch noch ein Juwel, das heutzutage Ausstellungen beherbergt.
Es ist dies das im Jugendstil um die vorige Jahrhundertwende, von Otto Wagner erbaute Postsparkassenamt.
Bis auf das Historische Museum befinden sich alle Bauten entlang der Ringstraße.

Außerdem wäre noch das Uhren-Museum, das Feuerwehr-Museum – bei deren Zentrale Am Hof, Museum für angewandte Kunst, Museumsquartier, u.v.m. zu nennen.

Aber auch der Stadtpark mit dem bekannten Denkmal von Johann Strauss – dem Walzerkönig, sowie diverse andere Denkmäler von bekannten – wie schon zuvor erwähnten – Persönlichkeiten. Anzumerken ist auch noch die Albertina, mit einer ebenfalls beeindruckenden Gemäldegalerie; der Burggarten mit seinem Palmenhaus, diverse – schon erwähnte – Palais, wie Harrach, Kinsky, Liechtenstein, Ersterhazy, Auersperg, Ferstel, Pallavicini, Prinz Eugen von Savoyen, Fürstenberg, das erzbischöfl. Palais und viele, viele mehr.

In der Herrengasse befindet sich das erste Hochhaus der Stadt, 1931/32 erbaut und damals mit seinen 15 Stockwerken für Wien eine Sensation.

Für heute natürlich nicht mehr imposant, aber für die Zeit des Baus doch, vor allem deswegen, weil man von unten nicht sieht wie hoch es wirklich ist.

Es verjüngt sich nach oben.

Außerdem gab es damals Proteste, weil sich etwas derart Hohes im Blickfeld des Stphansdomes zeigte.

Vielleicht noch ein kurzer Abstecher zum Schottenkloster bzw. unserer vermutlich Paradeschule – dem Schottengymnasium.

Um 1150 Gegründet, ist das Schottenkloster das älteste Kloster Wiens.

***

Jetzt noch zu einigen „Schmankerln", wie wir in Wien zu Besonderheiten sagen.

Vom Fleischmarkt weg, geht eine schmale Gasse, die Griechengasse, an deren Anfang und Ende an den Wänden jeweils eine große Tafel Fußgänger auf folgendes hinweist: Vorsicht vor dem Fuhrwerk. Außerdem hat der Fuhrwerker bzw. eine Person voran zu gehen. (Anfang 1900).

Da die Gasse sehr schmal ist und außerdem etwas gewunden, wurde so auf die Gefahr hingewiesen.

Gleich nebenan befindet sich das Griechen-Beisl; und ohne auf eine Qualität des Lokals hinweisen oder eingehen zu wollen; in seinem Eingang befindet sich im Boden eine Ausnehmung mit der Figurette eines Wiener Originals; des lieben Augustins.

1679 wütete eine schwere Pestepidemie in Wien, die ca. 50.000 Opfer forderte.

Der Sage nach war dieser lustige Geselle immer singend und Dudelsack spielend unterwegs.

Einmal fiel er bei einer solchen Gelegenheit – volltrunken – hin, wurde für tot gehalten und in eine Pestgrube geworfen. Nächsten Tag erwachte er, kam aber nicht selbst aus der Grube und schrie die Männer, die die Toten in die Grube warfen an, ihm zu helfen, was nach längerem dann auch geschah. Er ging davon und lebte weiter, ohne dass ihn die Krankheit dahinraffte. 1702 starb er hochbetagt eines natürlichen Todes.

Was wohl als Beispiel dafür gelten konnte, dass gute Laune und etwas Alkohol sogar der Pest erfolgreich die Stirn boten.

In der Schönlaterngasse befindet sich – nahe dem großen Wachsfigurenkabinett im größten Kellergewölbe Wiens – ebenfalls in einem Hauseingang die Figurette des Basilisken; ein Sagentier, das dort 1212 in einem Brunnen saß und jeder, der es sah wurde übel zumute, so sehr stank und scheußlich anzusehen war es. Das ging so lange, bis ein findiger Bursche dem Tier einen Spiegel in den Brunnen ließ, worauf sich das Tier selbst sah und ob seiner Scheußlichkeit wegen und auf Grund in den Brunnen geworfener Steine, dahinschied.

Das Gebiet um die älteste Kirche Wiens wäre sicher auch einen Besuch wert.
Ein sehr interessantes „Viertel" oder wienerisch „Grätzl". (Das „Bermuda-Dreieck").

Bevor wir den 1. Bezirk verlassen, wollen wir uns noch der Wiener Urania zuwenden, 1910 erbaut, ein Volksbildungshaus, in dem alle möglichen Kurse zum Besuch und Fortbildung angeboten werden, das Vortragssäle ebenso wie ein Kino beinhaltet, eine Sternwarte besitzt und seit kurzem ein tadelloses Lokal.
Es liegt direkt am Donaukanal.

2

Wenn wir jetzt den 1. Bezirk verlassen und uns in andere Wiener Bezirke begeben, versuche ich dieses von innen nach außen zu tun.

Im 3.Wiener Bezirk befindet sich das schon erwähnte Arsenal, mit seinem Heeresgeschichtlichen Museum, einem Bau im maurischen Stil.
Das Museum und die restlichen Ziegelbauten in der Anlage wurde im 19. Jhdt. errichtet und waren

ursprünglich eben ein Arsenal des Heeres bzw. auch eine Kaserne. (Das Museum war seit Beginn).

Im Museum findet man einen Überblick über einige hundert Jahre österreichischer Geschichte. Anhand sehr vieler Exponate wird anschaulich, welche Ausmaße und Wichtigkeit Österreich einmal hatte – als k.u.k. Monarchie z.B.

Mit eigener Marine, durch den Anschluss ans Mittelmeer.

Es sind u.a. Stücke aus dem Besitz von Prinz Eugen von Savoyen genauso ausgestellt, wie der Wagen, in dem das österr. Thronfolgerpaar (Erzherzog Franz Ferdinand) in Sarajevo 1914 einem Schuss-Attentat zum Opfer fiel, welches eigentlich der Auslöser für den ersten Weltkrieg war.

Allerdings sind auch einige Erinnerungen an die Arktis-Expedition von 1872-1874 von Payer und Weyprecht mit dem Schiff „Admiral Tegethoff", welches dann verlassen werden musste und im Eis festsitzend verblieb.

Bei dieser Expedition wurde das Franz Josef Land entdeckt.

Im 3. Bezirk befindet sich auch der St.Marxer Friedhof; ein alter, nicht mehr als solcher verwendeter, aber u.a. durch das Grab Mozarts, und u.B.

auch Madersperger (Erfinder der Nähmaschine), einen Besuch wert.

Etwas, das jeder Wien-Besucher gesehen haben sollte, ist das Hundertwasserhaus, das Kalke-Village und eventuell das Hundertwasser Kunsthaus.

*** *

Das Arsenal befindet sich in der Nähe des Gürtels, einer Straße, die sich ähnlich wie der Ring, hufeisenförmig um – allerdings einige – Bezirke legt.

Nicht allzu weit vom Arsenal entfernt und auch am Gürtel liegend, befindet sich im 4. Bezirk das Schloss Belvedere, mit seinem Schlosspark.
Es wurde im Auftrag von Prinz Eugen durch den Architekten Lukas von Hildebrandt 1721-1723 erbaut.
Es gibt ein Oberes und ein Unteres Belvedere, eine Orangerie, eine Prachtstallung und einen wunderschönen Park.

Wie schon erwähnt, hat man vom Schloss einen schönen Blick über einen Teil von Wien.
Außerdem gibt es immer wieder Ausstellungen in den Räumen des Gebäudes.

*** *

Im 6. Bezirk wurde ein ehemaliger Flakturm umgebaut und beinhaltet heute das Haus des Meeres. Mit vielen Aquarien und Terrarien, sowie einem Anbau, der eine Art Dschungel enthält, wo sich auch Tiere frei bewegen können.

Eine Außenwand wurde zur Kletterwand umfunktioniert. (Ganz schön hoch).

Gleich nebenan befindet sich – unterirdisch – das Foltermuseum. (Mit Exponaten und Figuren).

Zwischen 6. und 7. Bezirk befindet sich eine der bekanntesten Einkaufsstraßen Wiens – die Mariahilferstraße.

Im 9. Bezirk befindet sich das auch schon erwähnte AKH bzw. der alte Teil mit seinen zur Erholung einladenden Höfe.
(In einem ist der schon erwähnte alte „Narrenturm", heute ein pathologisches Museum).
Nicht vergessen darf man allerdings das Liechtenstein-Museum, mit seiner fantastischen Gemäldegalerie.

Zwischen Donaukanal und Donau befinden sich 2 Bezirke, der 2. und der 20.
Der 20. Bezirk hat außer dem Millenium-Tower nicht viel zu bieten.

Es ist dies eine Anordnung von Bauten mit einem
Turm – für Büros – viel Glas und sehr hoch, rund-
um ein Einkauszentrum und Wohnungen, des weiteren jede Menge Lokale, ein Kino-Center und
eine ansprechende „Disco".

***

Der 2. Bezirk bietet u.a. den Prater.
Dieser teilt sich – wie schon erwähnt – in einen
Erholungsteil (das ist der wesentlich Größere) und
einen Unterhaltungsteil – den Wurstelprater.

Wenn der Stephansdom als das Wahrzeichen
Wiens gilt – und er tut es – so ist das im Prater
befindliche Riesenrad das zweite Wahrzeichen.
Dieses Rad wurde 1897 zu Ehren des 50 jähr.
Thronjubiläums des Kaiser Franz Josef erbaut,
und war Mittelpunkt der Ausstellung „Venedig in
Wien", für die richtige Kanäle mit Gondeln ange-
legt wurden.
Ursprünglich war es als Provisorium gedacht und
hätte nach einiger Zeit wieder demontiert werden
sollen, aber wie so viele Provisorien steht und hält
es auch heute noch und ist aus Wien nicht mehr
wegzudenken.
Zumal die Aussicht aus luftiger Höhe einmalig ist.
Der Durchmesser des Rades beträgt immerhin
über 60 m.

Zu einiger Berühmtheit auch weit außerhalb unserer Landesgrenzen kam es u.a. durch den Film „Der dritte Mann", der im Nachkriegs-Wien – noch besetzt von den 4 Mächten: USA, England, Frankreich und Russland, mit Schauspielern wie Orson Welles, Joseph Cotten, Trevor Howard und einer langen Liste von österreichischen Schauspielern – spielt.

Auf den Spuren des Dritten Mannes kann man auch ein einem Teil der Wiener „Unterwelt" - der Kanalisation - wandeln. Allerdings nicht im 2.Bez. sondern mit Einstieg in der Nähe der Oper, außerhalb des Opernrings.

Unter Führung selbstverständlich.

Ein Teil des Films spielte auch dort.

Im Prater sollten sie also unbedingt eine Fahrt mit dem Riesenrad machen.

Des weiteren eine Fahrt mit der Liliputbahn – und vielleicht haben sie Glück und können mit einer der alten Dampfloks fahren, ansonsten werden die Züge von ebenso kleinen Dieselloks gezogen.

Sehenswert wäre auch noch das Planetarium.

Hier können sie schon tagsüber den Sternenhimmel an sich vorbeiziehen lassen und sich dazu verschiedene Geschichten, u.a. zu den Tierkreiszeichen oder je nach Jahreszeit über den Stern von Bethlehem, u.v.a. anhören und sehen.

Auch könnten sie noch einen Sprung ins Pratermuseum wagen.

Das im gleichen Gebäude untergebracht ist und einen Ausschnitt durch die Geschichte des Wiener Praters (Wurstelprater) mit alten Ausstellungsstücken bietet.

Das Angebot an Unterhaltung war damals natürlich ein großteils anderes.

3

Über der Donau befinden sich zwei Wiener Bezirke, die an Sehenswürdigkeiten nicht wirklich viel zu bieten haben.

Eine Ausnahme ist der Donauturm, der auf dem Gelände einer Internationalen Gartenausstellung steht.

Mit Expressliften geht's im Höllentempo auf etwa 160 m Höhe des 1964 gebauten Turms.

In 150 m Höhe befindet sich eine Aussichtsterasse, in 160 m Höhe ein Cafe und auf 170 m ein Restaurant.

Durch die ständige Drehung des Lokals, können sie von ihrem Platz aus und ohne aufzustehen einen vollständigen Blick über Wien genießen.

Eigentlich für den vorherigen Teil bestimmt, ist die Möglichkeit - von ca. 152 Höhe abspringend - Bungee Jumping zu erleben.

Sie haben hier die Möglichkeit etwa 130 m im freien Fall zurückzulegen, da sie bis ca. 20 m an den Boden herankommen.

***

Wir begeben uns jetzt weiter in die Außenbezirke von Wien, allerdings diesseits der Donau.

Im 13. Bezirk haben wir eines der gewaltigsten und wichtigsten Besucherziele – Schloss Schönbrunn.
Mit gewaltigen Ausmaßen des Schlossparks, mit seinen Blumenbeeten, Teichen und facon gestutzten Bäumen, seinen Brunnen und natürlich seinen Baulichkeiten auf dem Areal.

Das Schloss Schönbrunn ist als solches schon groß und imposant.
Mit seinem Innenleben und natürlich seiner Verbindung mit Kaiserin Elisabeth bzw. „Sisi", steht es auf der Beliebtheitsskala der Wien-Besucher ganz oben.
Unter Kaiser Joseph und Kaiserin Maria Theresia erbaut, wurde es mit seinen 1441 Räumen später auch die Sommerresidenz einer anderen Kaiserfamilie – Kaiser Franz Joseph und Kaiserin Elisabeth.
In seinen letzten Jahren hielt sich der Kaiser aber fast ständig dort auf.

Außerdem gibt es da die Wagenburg, mit einer Unzahl von alten und Prunkkutschen- und Karossen.

Als Bauwerk thront über dem Ganzen die Gloriette, 1775 errichtet – unter Joseph und Maria Theresia; und bietet einen wunderschönen Blick über einen großen Teil von Wien.

Man sollte einen Besuch unbedingt mit einem Frühstück oder einer Jause verbinden.

Nicht oft kann man Solches in einer ähnlichen Umgebung genießen.

Eines der wesentlichen Bestandteile des Ganzen ist natürlich der Tiergarten.

Schon 1752 als Menagerie gegründet, führte der Kaiser – Joseph – stolz seine Gäste herum und zeigte die in den – damals noch winzigen Käfigen – gehaltenen Tiere.

Heute ist der Tiergarten nicht nur der Älteste der Welt sondern auch ein „Vorzeige-Tiergarten", mit großen Gehegen für die Tiere, möglichst artgerechten Anlagen und dementsprechender Tierhaltung; bekannt nicht nur durch seine hier geborenen Elefanten und einer Vielzahl anderer normalerweise selten in Gefangenschaft gebärenden Tieren, sondern nicht zuletzt durch seinen jüngsten Zuwachs – den im August 2007 hier geborenen Pandabären.

Es gibt hier weiters ein Tropenhaus, mit einer Luftfeuchte und Temperaturen wie in der entsprechen Freilandschaft in den betreffenden Ländern und dementsprechend fühlen sich auch die tierischen Bewohner wohl.

Das Palmenhaus umfasst z.B. drei Klimazonen und ist außerhalb des Tiergartens – im weitläufigen Schlosspark - zu bewundern.

Die Besucher haben die Möglichkeit das Areal mit einer Art Zug – auf Gummirädern – zu befahren.

Wie schon eingangs erwähnt kommt als zusätzliche Attraktion im Frühjahr der Ostermarkt und in der Weihnachtszeit der Adventmarkt vor dem Schloss dazu.

Unweit von Schönbrunn befindet sich ein großes, allerdings noch nicht so altes Museum.
Es ist dies das Technische Museum.

Mit vielen Ausstellungsstücken wird hier u.a. der technische Fortschritt gezeigt.
Ob alte Autos – bzw. das erste Auto überhaupt – oder Motorräder, Eisenbahnen – bzw. Lokomotiven, Flugzeuge, und vieles mehr; alle zeigen, wie sehr die Technik in allen Bereichen fortgeschritten ist.
Es gibt hier – im Keller – auch ein Bergwerk.

4

Ein Besuchermagnet befindet sich im 11. Wiener
Gemeindebezirk.
Es ist dies der Wiener Zentralfriedhof.
(Wie schon früher erwähnt, 1871 Baubeginn/1874
eingeweiht).
Wien hat auch einige andere Friedhöfe, aber kei-
ner ist so groß und so bekannt wie dieser.
Er wurde auch schon einige male besungen. (Dito
schon früher erwähnt).
Hier finden sich unzählige Gräber – nicht nur vom
„gemeinem Volk", auch von Österreichischen
Staatsoberhäuptern, Musikern, Schauspielern,
Komponisten, Erfindern, Dichtern, Schriftstellern
und vielen Anderen.

Diese Personen befinden sich in so genannten
Ehrengräbern, die sich optisch oft nicht sehr von
denen Normalsterblicher unterscheiden, aber eben
durch den Namen am Grabstein.

Es gibt allerdings – besonders alte und ältere –
Gräber die nicht anders als pompös zu nennen
sind.
Leider gibt es auch heute noch Leute, denen offenbar nichts zu teuer und zu geschmacklos ist um
an ihre Hinterbliebenen zu erinnern.

(Ein an Geschmacklosigkeit nicht zu überbieten-
der Grabstein eines süd-östlichen „Landsmannes"
und hier Begrabenen zeigt das Bildnis von dem
Betreffenden mit seinem Mercedes! Und das noch
sehr groß).

Aber von solchen geschmacklosen „Ausrut-
schern" abgesehen, präsentieren sich die Grab-
steine der noch nicht so lange Verblichenen
durchaus moderat.

Auch „unser" Wiener Sänger Falco – der auch
international bekannt wurde - ist hier begraben.
Und auch Mozart.
Allerdings nur pro forma, denn wirklich liegt sein
Leichnam oder das was vielleicht noch von ihm
übrig ist am St.Marxer Friedhof im 3. Bezirk, wo
ebenfalls ein Grabstein steht.
Aber für die Touristen und Besucher – namentlich
aus Japan – ist es einfacher das Grab hier zu besu-
chen – wenn sie schon einmal da sind.
Und sie sind da.
Dieser Friedhof hat einen Ruf wie Donnerhall.
Nicht nur bei Japanern – aber doch bei diesen Besuchern vermutlich wegen der Menge der hier
begrabenen Musikern; und man weiß ja, dass besonders Japaner unsere Musik und deren Geschichte sehr schätzen.

Auch befindet sich auf dem Gebiet des Zentral-
friedhof eine unbedingt sehenswerte Kirche, im
Volksmund: Luegerkirche, weil sich dieser
Staatsmann in einem Sarkophag in den unteren
Räumlichkeiten derselben befindet.

Der damalige Bürgermeister von Wien, Dr. Lue-
ger, hat 1899 einen Wettbewerb zur Fertigstellung
des Zentralfriedhofes ausgeschrieben; Vorsitzen-
der der Jury war niemand geringerer als Otto
Wagner. (Jugendstil).
Max Hegele gewann diesen Bewerb und baute
einiges am Zentralfriedhof und zuletzt diese fan-
tastische Kirche im Jugendstil.

Bei einem meiner letzten Besuche der Kirche,
glaubten wir kurz nach Betreten einen Chor sin-
gen zu hören.
Wir schauten uns um, aber es war nichts zu sehen.
Dann bemerkten wir einige Meter seitlich von uns
einen Mann – einen Besucher offenbar – der in
einer der Bänke saß und – alleine – sang.
Die Akustik in dieser Kirche ist unglaublich.
Eine Person – zwar mit einer guten Stimme versehen – und es klang wie ein ganzer Chor.
Die Kirche wurde dem heiligen Borromäus gewidmet.

Angeblich wurden in den Jahren, am Wiener
Zentralfriedhof, etwa 3 Millionen Menschen be-

graben. Das sind fast doppelt so viele als derzeit in Wien (zumindest offiziell) leben.

***

Ein Renaissance-Juwel gibt es im 11. Bezirk noch.
Es ist dies das Schloss Neugebäude.
Viele Geschichten ranken sich um die Entstehung und das weitere Sein des Bauwerks.
Tatsache ist aber, dass im 16. Jhdt. die Habsburger Maximilian I. und Maximilian II. den Bau (bzw. Umbau einer alten Anlage) in Angriff nahmen.
Die Bausage taucht allerdings erst im 17. Jhdt. auf.
In jedem Fall, ist das Schloss eine Besichtigung wert.
Abgesehen davon, tut sich auch sonst einiges im Schloss Neugebäude.
Veranstaltungen, Märkte, etc. – wie schon erwähnt.

Ein sehr kleiner Friedhof mit etwas über hundert Gräbern, ist der Friedhof der Namenlosen.
Er liegt in Albern im 11. Bezirk und wurden hier bis vor ca. 80-100 Jahren die Leichen, die aus der Donau gezogen wurden, weil meistens auch hier angeschwemmt, begraben.
Es ist dort eine Art kleiner Hafen, bzw. eine Einbuchtung die vermutlich eine dementsprechende Strömung erzeugt.

5

In den Randgebieten von Wien gibt es dann noch einiges zu sehen.

Vom Wienerwald – der teilweise Wien umspannt – mit diversen Aussichtswarten und Naturschutzgebieten, bis zu den schon erwähnten Bergen, die teilweise noch im z.B. 19. Bezirk ihren Anfang nehmen.
Die Kirchen auf dem Kahlenberg und Leopoldsberg haben alle ihre Geschichte; d.h. nicht nur in Form von Sage, sondern in unserer Geschichte verwurzelt.

Etwas weiter außerhalb Wiens befindet sich noch der Bisamberg.
Auch einige Burgen sind in unmittelbarer Nähe Wiens zu finden.
Als Beispiel die etwa 1000 Jahre alte Burg Greifenstein.
Leider ist sie vergangenes Jahr durch ein Feuer teilweise zerstört oder besser gesagt beschädigt worden.

Etwas weiter entfernt – auf der anderen –Seite der Donau befindet sich die Burg Kreuzenstein.

Es ist dies eine Schauburg, die zwar auf alten Fundamenten erbaut wurde, aber die Burg selbst ist relativ jung und als quasi Museum gebaut.
Es gibt dort allerdings sehr viel alte und schöne Stücke die der Erbauer aus ganz Europa zusammen getragen hat und eine umfangreiche Waffen- und Rüstungen Sammlung.
Die Burg wurde faktisch um die Einrichtung herum gebaut.

***

Im Süden Wiens – zwar auch schon einige Kilometer außerhalb, aber noch – besonders mit eigenem Fahrzeug leicht zu erreichen – befindet sich die Burg Liechtenstein.
Sie spielte eine Rolle in einem Musketier-Film.
Mit Kiefer Sutherland, Tim Curry (Rocky Horror Picture Show), u.a.
Allerdings wurde auch ein Teil des Films in der „Seegrotte" in der Hinterbrühl gedreht.
Es ist dies ein ehemaliges Kalk-Bergwerk, in dem während des Krieges Teile von Flugzeugen gebaut wurden und den – zumindest in Europa – größten unterirdischen See, der auch mit Booten befahren wird, beherbergt.

***

Etwas weiter von Wien entfernt – aber mit dem Auto in ca. 30-40 Min erreichbar – öffentlich natürlich auch, befindet sich Carnuntum.

Es ist dies eine römische Militär- und Zivilstadt gewesen, deren Reste (Ausgrabungen und Rekonstruktionen) sich bei Petronell/NÖ befinden.

Die Ausgrabungen umfassen nicht nur die „Stadt", sondern auch 2 Theater, wobei eines ein Amphie-Theater ist, d.h. in seiner Mitte befand und befindet sich noch eine Art gemauertes Becken, in dem die Gladiatoren mit Tieren im Wasser kämpften.

Weiters finden jedes Jahr einige Male Veranstaltungen statt.

Gladiatorenkämpfe; div. Spiele und Feste, bei denen auch die alte römische Küche gezeigt und genossen wird.

***

Auf der anderen Seite der Donau befindet sich ein Naturschutzgebiet – die Donauauen, bzw. die Hainburger Au.

Ein Paradies für Tiere und Menschen, die sich daran erfreuen können.

Mit dem eigenen Auto praktischerweise, kommt man noch zu einigen Prinz-Eugen-Schlössern.
Eines liegt bei Marchegg.
Dort gibt es allerdings auch einen WWF-Park.

Und wenn sie nicht zu spät im Sommer dran sind, können Sie eine der größten Storchenpopulationen erleben.
Es gibt dort viele hohe, aber großteils entlaubte Bäume, die 5,6 oder mehr Storchennester tragen.
Es ist ein ewiges kommen und wegfliegen.
Ein Erlebnis der Sonderklasse.

Ein Storchennest – früher auf einem Schornstein, jetzt auf einer Platte die auf einem Mast befestigt ist – können sie in Mannswörth, nahe dem 11. Bezirk sehen.
Die Vögel kommen seit vielen Jahren und nisten dort.
Wenn sie sich noch den Wiener Flughafen ansehen wollen, der eigentlich in Niederösterreich bei Schwechat liegt und demzufolge Flughafen Wien-Schwechat heißt, steht dem nichts im Wege.
Dorthin zu gelangen stellt kein Problem dar.

Womit wir uns dem Ende unserer Wanderung durch Zeit und Raum von Wien nähern.

Ich hoffe, Sie konnten einige Anregungen für einen ebenso angenehmen wie interessanten oder auch aktiven Wien-Urlaub daraus gewinnen.
Und falls Sie kein Tourist sind, sondern aus Österreich oder gar Wien beheimatet sind – auch kein Problem.

Meisten kennen Touristen die Sehenswürdigkeiten einer Stadt oder eines Landes besser, als die hier Lebenden.

Erklärbar allerdings damit, dass man als hier Lebender keine Eile hat, sich alles anzusehen.

Man schiebt es immer weiter vor sich her, bis es halt einmal zu spät ist.

Also deshalb – auf nach Wien, oder auch – auf in Wien.

Glauben Sie einem alten Wien-Fan; es lohnt sich.

Habe die Ehre und küss die Hand.

Zum besseren Verständnis seien hier die Wiener Bezirke mit ihren Namen zur Nummerierung aufgelistet.

Des weiteren müsste noch erwähnt werden, dass in den Bezirken zum Teil noch eine Gliederung in „Viertel" besteht, welches allerdings nicht mathematisch zu verstehen ist, sondern ein gewisses Gebiet bezeichnet.
Einen wienerischen Ausdruck für einen Teil eines Bezirks darf ich Ihnen – obwohl schon erwähnt – nochmals nahe bringen: Grätzl/Grätzel.

1. Bezirk	Innere Stadt
2. Bezirk	Leopoldstadt
3. Bezirk	Landstraße
4. Bezirk	Wieden
5. Bezirk	Margareten
6. Bezirk	Mariahilf
7. Bezirk	Neubau
8. Bezirk	Josefstadt
9. Bezirk	Alsergrund
10. Bezirk	Favoriten
11. Bezirk	Simmering
12. Bezirk	Meidling
13. Bezirk	Hietzing
14. Bezirk	Penzing
15. Bezirk	Rudolfsheim

16. Bezirk	Ottakring
17. Bezirk	Hernals
18. Bezirk	Währing
19. Bezirk	Döbling
20. Bezirk	Brigittenau
21. Bezirk	Floridsdorf
22. Bezirk	Donaustadt
23. Bezirk	Liesing

Früher hatte Wien einmal 26 Bezirke; nach Zusammenlegungen, etc. sind es jetzt nur noch 23; aber die reichen auch.

Inhalt

Vom Autor ist außerdem im selben Verlag
erschienen:
LEBENSBEICHTE
Die Geschichte meines Lebens

Herstellung und Verlag:
Books on Demand GmbH, Norderstedt
ISBN 978-3-8370-0866-1